CONVENTION NATIONALE.

SALICETTI,

REPRÉSENTANT DU PEUPLE,

A LA CONVENTION NATIONALE.

IMPRIMÉ PAR ORDRE DE LA CONVENTION NATIONALE.

Décrété d'arrestation le 8 de ce mois, & en mon absence de la salle de la Convention, à l'occasion des nouvelles des troubles de Toulon, sans que les représentans en mission dans le Midi eussent prononcé mon nom dans leurs dépêches; menacé, dix jours après, d'être décrété d'accusation, sans qu'on ait allégué contre moi aucun fait appuyé de preuves, je m'empresse de présenter à mes collègues une esquisse rapide de ma conduite pendant près de vingt-trois mois de mission.

Je fus envoyé en mission dans le département de Corse, en février 1793, avec mes collègues Lacombe (du Tarn) & Delcher, pour mettre les places fortes de ce département en état de défense, & pour assurer à la République la possession de cette isle, dans le cas où Paoli auroit eu l'intention de la livrer aux Anglais.

Notre mission auroit parfaitement réussi, sans le décret, au moins impolitique, que la Convention nationale rendit *avant notre arrivée* en Corse, par lequel elle ordonnoit l'arrestation de Paoli & sa traduction à la barre.

La Convention nationale, par cette mesure précipitée, nous mit dans l'impuissance de faire le bien. Nous étions sans force pour exécuter son décret. Paoli, qui se trouvoit à-la-fois président du département & commandant de la force armée au nom de la République, fit tourner à son profit le décret de la Convention, que la multitude regarda comme un acte d'oppression arraché à la justice de la Convention par l'intrigue ou par la malveillance.

L'administration du département arbora l'étendard de la révolte; une partie des troupes se rangea du parti de Paoli; une assemblée fut convoquée & tenue à Corte, *le 26 mai* 1793, où la rebellion la plus ouverte fut proclamée.

Dans la position difficile où nous nous trouvions par les effets du décret, nous pûmes à peine, à l'aide des patriotes insulaires, & des troupes restées fidèles à la République, nous emparer des places de *Bastia*, *Calvi*, & *St.-Florent*.

Dès-lors, tous les moyens de conciliation & de rapprochement que nous avions mis en avant, devinrent impraticables.

Mon collègue Delcher & moi, nous retournâmes en France au mois de juin, pour mettre sous les yeux de la Convention la véritable situation de la Corse. Lacombe (du Tarn) seul resta à *Bastia.*

Arrivé à Paris dans les premiers jours de juillet, mon séjour y fut très-court, & la Convention m'envoya une seconde fois en Corse, avec ordre de prendre quatre mille hommes dans l'armée d'italie, & une division de cinq ou six vaisseaux à Toulon, afin de porter à mon collègue Lacombe les secours nécessaires pour faire rentrer le département dans l'obéissance.

Les troubles du Midi, Toulon lâchement livré aux Anglais, rendirent ma mission impossible à remplir. Je me réunis au représentant du peuple Gasparin, qui se trouvoit à Avignon, & qui alloit joindre à Aix l'armée commandée par Carteaux, destinée à la réduction de Marseille.

Pendant les deux ou trois jours que j'ai séjourné à Avignon, j'ai pris quelques arrêtés avec mon collègue *Rovère*, qui s'y trouvoit en mission. Je compte trop sur sa loyauté pour douter qu'il s'empressera de déclarer qu'il n'a connu dans ma conduite d'autres principes que ceux d'un homme profondément pénetré de la nécessité de ramener par des lois sages tous les partis au giron de la République, & de faire cesser, par les moyens de la douceur & de la justice la plus impartiale, la guerre civile qui désoloit le Midi.

Entré dans Marseille avec l'armée commandée par Carteaux, pendant quinze jours que j'y ai séjourné, je m'y suis conduit d'après ces principes, & j'invoque avec confiance le témoignage de mon collègue *Nioche*, qui s'est trouvé dans le même temps que moi à Aix & à Marseille.

Je pourrois ici citer en ma faveur plus d'une victime, qui auroit infailliblement sans mon secours péri sous la hache de la tyrannie, si je n'étois convaincu que leur publicité diminueroit le foible mérite que j'ai eu en remplissant, même dans ces temps difficiles, le devoir sacré de protéger l'innocence opprimée.

Au commencement de septembre 1793, je fus délégué par la Convention nationale près l'armée sous Toulon, où, d'abord avec *Gasparin*, & depuis avec *Barras*, *Fréron*, & *Ricord*, j'ai peut-être fortement contribué *à rendre à la République ce port*, qui tôt ou tard doit lui assurer le commerce de la Méditerranée.

J'appelle sur ma conduite dans cette occasion importante l'examen le plus rigoureux, & je défie mes ennemis les plus acharnés, s'il en est, de me reprocher une seule action, pendant tout le cours de cette mission pénible & difficile, qui puisse faire douter un instant de ma modération & de mon humanité.

Dans diverses occasions, *& avant le 9 thermidor*, j'ai fait éclater ma haine contre le systême de sang qui plongeoit dans le deuil toute la République. Aussi mes principes de justice & d'humanité me valurent-ils *une dénonciation aux Jacobins*, & un projet d'arrêté présenté au comité de sûreté générale pour me faire mettre en état d'arrestation conjointement avec *Barras & Fréron*.

La Convention nationale, parmi les mesures fortes qu'elle crut devoir prendre contre Toulon, décréta que toutes les maisons de l'intérieur de cette ville seroient démolies.

Resté seul à Toulon après le départ de mes collègues, je n'ai point voulu, malgré les ordres précis du comité de salut public, mettre à exécution cette loi en faisant démolir des maisons qu'il auroit fallu reconstruire ensuite.

Le comité de salut public, dans un de ses rapports, trois ou quatre jours avant le 9 thermidor, ne m'a point oublié, &, en se plaignant qu'on avoit toujours cherché à entraver sa marche, *les ordres*, dit-il, *pour la démolition de Toulon sont restés sans exécution*, &c.

Quoique ma mission se bornât uniquement à l'armée, j'ai ordonné l'élargissement de plus de cent personnes dans les départemens du Var & des Alpes-Maritimes, & cela *avant le 9 thermidor*. On peut se convaincre de la vérité de ces faits par la visite de mes papiers qui sont sous les scellés, & on en trouvera la preuve dans mes arrêtés.

Sans entrer dans des détails ultérieurs sur ma conduite à l'armée sous Toulon, je m'en réfère aux témoignages de mes collègues *Barras* & *Fréron*.

Après l'affaire de Toulon je fus chargé de l'expédition d'*Oneille*, & la Convention nationale peut se rappeler de quelle manière je m'en suis acquitté.

La Convention fit imprimer & envoyer aux départemens & aux armées la proclamation que j'adressai conjointement à mes collègues & au peuple génois. Qu'elle daigne relire actuellement cette proclamation faite plusieurs mois *avant le 9 thermidor*, & l'on se convaincra aisément que les principes qu'elle renferme sont *absolument conformes* à ceux que la Convention a proclamés depuis *le 9 thermidor*.

J'ai été assez heureux d'être de quelqu'utilité à l'armée d'Italie. A Cairo, & dans toutes les occasions où il y a eu quelque danger à courir, je ne me suis jamais épargné. J'invoque, relativement à toutes mes opérations près cette armée, le témoignage de mes collègues *Ritter* & *Thureau*, qui m'y ont succédé.

Le 14 thermidor je partis de Nice pour me rendre à l'armée des Alpes, afin de me concerter avec mes collègues pour le succès des opérations qu'on se proposoit d'entreprendre contre les Piémontais. Mon collègue *Laporte* pourra attester avec quelle joie j'appris, à mon arrivée à Barcelonette, l'heureuse révolution du 9 thermidor.

Rentré, après environ vingt mois de mission, dans le sein de la Convention, au mois de brumaire dernier, je fus nommé par le comité de salut public pour une expédition secrète, dont le but étoit d'embarquer sur l'escadre de Toulon une division de douze mille hommes pris dans l'armée d'Italie, pour chasser les Anglais de la Méditerranée, en s'emparant d'abord de Livourne & ensuite de la Corse.

Cette expédition pour laquelle toutes les dépenses étoient faites, les troupes & les munitions de guerre embarquées, a été contre-mandée au moment où l'escadre étoit sur le point de mettre à la voile.

Il ne seroit peut-être pas impossible de prouver que les Anglais, par le moyen de leurs émissaires à Marseille, ont, en exagérant des dangers chimériques, influencé l'opinion des personnes qui, je n'en doute pas, avec les intentions les plus pures, ont déterminé les comités de gouvernement à contre-mander une opération qui, en affranchissant la Méditerranée, auroit rendu à la République le commerce du Levant, & l'abondance au Midi.

Pour remplir cette mission, j'ai passé trois mois dans le Midi ; savoir, un mois *à Nice*, environ un mois *à Marseille*, & la reste *à Toulon*.

A *Nice* je ne me suis occupé, conjointement avec mes collègues *Thureau* & *Ritter*, que du départ des troupes pour *Toulon*.

Arrivé *à Marseille* avec *Ritter* pour presser l'embarquement de quatre mois de vivres destinés pour l'expédition des troupes que le comité de salut public avoit ordonnée, j'y trouvai mes collègues *Cadroy*, *Espert* & *Mariette*. Je n'y ai pu ni dû m'occuper d'aucun objet étranger à ma mission ; j'ai souvent vu amicalement mes collègues, & je ne crains pas d'affirmer qu'ils ne peuvent avoir aucun tort à me reprocher.

De retour *à Toulon* avec *Ritter* pour suivre ma destination, & quoique je n'eusse aucune autorité à exercer dans cette ville où se trouvoit en mission *Jean-Bon St.-André*, j'ai employé pendant qu'il étoit malade, tous les moyens de conciliation pour maintenir la tranquillité, & inspirer la confiance la plus pleine & la plus entière dans les décrets de la Convention nationale.

Il s'est élevé, pendant mon court séjour *à Toulon*, des rixes entre quelques soldats du bataillon de la Nièvre & les ouvriers de l'arsenal; les uns crioient *vive la montagne !* les autres *à bas la montagne !*

Quelle a été ma conduite en cette occasion ? J'ai fait arrêter d'abord les militaires qui crioient *vive* ou *à bas la montagne* (car j'ai toujours pensé que lorsqu'il seroit permis aux troupes de se mêler des querelles politiques, c'en seroit fait de l'état & de la liberté) ; & j'ai fini par imposer silence à tout le monde, en prenant, conjointement avec mes collègues, & faisant imprimer & afficher *un arrêté*, dont on trouvera un exemplaire sous mes scellés, qui portoit qu'on regarderoit comme *cri de faction* tout autre cri que celui de *vive la République*, *vive la Convention*.

On vint m'avertir un soir qu'il y avoit du tumulte au spectacle, & qu'on menaçoit de se porter à des excès contre quelques militaires du bataillon de la Nièvre, qu'on accusoit d'avoir provoqué les ouvriers en criant *à bas la montagne* ; mes collègues étant incommodés, je me rendis seul au spectacle, je haranguai le peuple, je rétablis le calme, & je fus assez heureux pour appaiser un mouvement général des ouvriers de l'arsenal qui couroient les rues avec un tambour à leur tête, & qui menaçoient d'une manière effrayante la tranquillité de la ville.

Et qu'on fasse attention que dans le temps que nous défendions *à Toulon* de crier *vive la montagne*, aucun de mes collègues dans les départemens ne l'avoit encore fait ; qu'il existoit toujours dans chaque commune de la République une *montagne* qui servoit, pour ainsi dire, d'autel dans les jours consacrés aux réjouissances publiques ; & que ce n'est qu'à une époque bien postérieure, & même après mon départ de Toulon, que la Convention décréta la destruction de ces *montagnes*.

Un bruit vague, dénué de fondement & de preuve, s'est répandu, que, pendant ma dernière mission, j'ai exalté l'armée ; mais à cette inculpation j'ai une réponse bien simple à faire, elle est sans réplique, & la voici :

Ma surveillance se bornoit aux douze mille hommes de l'expédition, & le représentant *Mariette* a annoncé, dans une de ses dépêches à la Convention, en lui rendant compte du massacre des vrais ou prétendus émigrés, *que sans les généraux & les troupes destinées à l'expédition, les représentans du peuple auroient couru le plus grand danger.*

Il est donc faux que l'esprit de cette division de l'armée, qui avoit été immédiatement sous ma surveillance, fût mauvais.

Qu'on montre un arrêté, un ordre, une pièce quelconque, signé de moi, qui prouve que les principes que j'ai professés avant le 9 *thermidor* ne sont pas conformes à ceux que la Convention a consacrés depuis cette époque, & je renonce au droit naturel qu'a tout individu de se défendre.

J'ai eu à Toulon une légère altercation avec mon collègue *Mariette* à l'occasion d'un propos injurieux qu'on me dit qu'il avoit tenu contre les réfugiés corses, qui ont quitté leurs foyers pour être fidèles à la République; mais je suis fort éloigné de croire que les querelles particulières puissent influer un instant sur les opinions de la Convention.

Depuis mon départ de *Toulon* je n'ai point écrit dans cette ville; & dans une conversation que j'eus au spectacle avec mon collègue *Cadroy* à Marseille, pour l'engager à se rendre à *Toulon*, conformément à la commission que m'en avoit donnée mon collègue *Letourneur* (de la Manche), qui alloit monter l'escadre, je lui dis que si jamais la tranquillité de *Toulon* pouvoit être troublée, ce ne seroit que par certains chefs que je lui désignois; en ajoutant que si on jugeoit à propos de s'en assurer, il eût été prudent de les envoyer dans des maisons de détention éloignées.

Ayant été averti qu'on avoit dit à mon collègue *Jean de-Brie*, en mission dans le département de Vaucluse, que j'avois, en passant à Avignon, ranimé les espérances des terroristes, je lui écrivis pour qu'il en fût pleinement dissuadé; je l'invitai à prendre sur les lieux mêmes des renseignemens sur mon compte: j'en reçus une réponse qui se trouvera sous les scellés, par laquelle il me marquoit que bien loin d'avoir une mauvaise idée de ma conduite, il desiroit trouver l'occasion de me voir, & me demandoit des renseignemens, &c.

Malgré tout ce que je viens d'exposer, j'ai été accusé deux fois à la Convention, & toutes les deux fois par mon collègue *Mariette*, qui, je me plais à le croire, avoit été induit en erreur.

La première fois, il m'a accusé indirectement dans une lettre qu'il écrivoit de Marseille, le 8 pluviôse dernier, aux représentans Rovère & Durand-de-Maillane, & voici l'article qui me concerne.

« Je vous fais passer deux exemplaires d'une proclamation que le commandant de la place vient de publier ; elle a fait un très-bon effet pour faire trembler les séditieux. Ce commandant est un brave homme ; mais il sera victime d'une intrigue dont je suis averti : comme sa présence gêne ici, Salicetti a dû lui faire intimer l'ordre de se rendre à l'armée d'Italie ; c'est encore Salicetti qui nous envoyoit *le bataillon de Marseille*, à la place de celui des Gravilliers. S'il n'y a pas du dessein dans tout cela, il faut avouer qu'un représentant du peuple est bien facile à surprendre.

» Salut & fraternité,

» *Signé*, MARIETTE. »

On verra par la correspondance suivante, qui a déja été imprimée dans la première partie du rapport de mon collègue *Espert*, où se trouvent des détails sur les troubles du Midi, si ma conduite a été blâmable dans cette affaire.

LIBERTÉ, ÉGALITÉ.

Marseille, le 3 pluviôse, à minuit, l'an 3 de la République une & indivisible.

Le représentant du peuple envoyé dans les départemens du Var & des Bouches-du-Rhône, à ses collègues Salicetti & Ritter, à Toulon.

Depuis quelques jours, les malveillans excitent des rixes entre des militaires & les citoyens de Marseille. Il y en a eu hier une très-sérieuse dans un cabaret : un sergent du bataillon des Gravilliers a été tué, & plusieurs militaires ont reçu des coups de couteau. Il est à craindre que cela ne devienne plus grave encore. Un marin a été blessé ce soir d'un coup de sabre, par des militaires. Je pense qu'il est prudent de changer la garnison. Donnez sur-le-champ des ordres en conséquence, & avisez-m'en par un courier, si vous prenez cette détermination.

Signé, J. ESPERT.

LIBERTÉ, ÉGALITÉ.

AU NOM DU PEUPLE FRANÇAIS.

Port de la Montagne, an 3, &c.

Les représentans du peuple envoyés par la Convention nationale près les armées d'Italie & des Alpes.

Nous apprenons avec beaucoup de peine, par ta lettre, les mouvemens qui ont eu lieu à Marseille, & nous nous empressons, conformément à tes desirs, de pourvoir tout de suite au changement de la garnison.

Nous commençons par remplacer par la 103e. demi-brigade, qui part demain matin, le bataillon des Gravilliers, qui reçoit ordre de se rendre de suite au Port de la Montagne, pour y recevoir sa destination ultérieure.

Les dissentions qui affligent Marseille paroissent avoir pour cause la division de ce bataillon avec les citoyens. Nous espérons, comme toi, que ce déplacement ramènera le calme.

Dans tous les cas, tu peux compter sur tous les envois de force qui sont en notre pouvoir; tu nous trouveras pleinement disposés à te seconder pour les mesures que tu jugeras nécessaires à la tranquillité publique.

Pourquoi Villemalet n'est-il pas à son poste? pourquoi,

chargé, par la loi, de la police de la place de Marseille, en état de siége, néglige-t-il des intérêts aussi majeurs, & va-t-il s'amuser si long-temps en tournée? Tu as bien fait de le rappeler : il est responsable à la Convention nationale de tous les événemens.

Nous t'adressons notre arrêté portant l'ordre au bataillon des Gravilliers de se rendre au Port de la Montagne. Tu voudras bien le faire passer à Villemalet, ou à celui qui, dans son absence, le remplace dans le commandement.

Nous te prions de nous donner l'état de situation de la garnison de Marseille, pour nous mettre à même de compléter le changement.

Salut & amitié.

Signé, SALICETI, J. F. RITTER.

LIBERTÉ, ÉGALITÉ.

AU NOM DU PEUPLE FRANÇAIS.

An 3 de la République, &c.

Les représentans du peuple envoyés par la Convention nationale près les armées d'Italie & des Alpes:

Arrêtent que le général Pierre fera partir dès demain matin la cent-troisième demi-brigade du Port-la-Montagne, pour se rendre en deux jours à Marseille, & y tenir garnison en remplacement du bataillon des Gravilliers, qui se rendra au Port-la-Montagne ;

Qu'il donnera pareillement ordre à la seizième demi-brigade cantonnée, partie à Ollioules, partie au Bausset, de se rendre demain au Port-la-Montagne, pour y faire provisoirement le service de la place :

Arrêtent de plus que le général Villemalet, dès l'inſtant de l'arrivée de la cent-troiſième demi-brigade à Marſeille, en fera partir de ſuite le bataillon des Gravilliers pour le Port-la-Montagne, où il recevra des ordres ultérieurs.

Le général Pierre & le général Villemalet ſont chargés, ſous leur reſponſabilité, de la prompte exécution des diſpoſitions ci-deſſus, chacun d'eux en ce qui les concerne, & de pourvoir aux meſures relatives à la marche de ces troupes.

Fait au Port-la-Montagne, le 4 pluviôſe, an troiſième de la République une & indiviſible.

Signé, SALICETTI, J. F. RITTER, repréſentans du peuple à l'armée d'Italie.

EGALITÉ, LIBERTÉ.

AU NOM DE LA RÉPUBLIQUE FRANÇAISE.

A Marseille, le 5 du mois de pluviôse, l'an III de la République française une & indivisible.

Le Repréſentant du peuple envoyé dans les départemens des Bouches-du-Rhône & du Var, à ſes collègues Salicetti & Ritter, à Toulon.

Je ne puis trop vous témoigner ma reconnoiſſance de l'empreſſement que vous avez mis à faire marcher ſur Marſeille une force militaire, pour remplacer la garniſon qui a été inſultée par des citoyens qui paroiſſent chercher à troubler la tranquillité publique.

Vous verrez par les pièces que je vous envoie, que les autorités conſtituées craignent que la cent-troiſième demi-brigade, composée en majorité de citoyens de Marseille, ne conserve pas cet état passif qui doit caractériser la force armée dans une garnison. Je pense qu'en donnant vos ordres, vous n'avez pas connu la composition de la cent-troisième demi-brigade. Je ne connois aucun du bataillon dont elle est formée; mais je crois que si effectivement il y a beaucoup de Marseillais, il est impossible, quel que soit leur patriotisme, qu'ils ne prennent parti dans la querelle des habitans de cette ville. J'ai pris un arrêté dont je vous envoie copie. Si vous persistez, la cent-troisième demi-brigade devra recevoir de vous l'ordre de continuer sa marche; mais pour ôter tout prétexte aux intrigans, je pense que vous ferez mieux d'en envoyer une autre : au reste, *Villemalet* est de retour; il n'y a rien de nouveau.

Salut & fraternité,

Signé, ESPERT.

LIBERTÉ, ÉGALITÉ.

AU NOM DU PEUPLE FRANÇAIS.

Port-la-Montagne, le 7 pluviôse, l'an III de la République une et indivisible.

Les Représentans du peuple envoyés par la Convention nationale près les armées d'Italie & des Alpes.

Lorsque nous avons destiné la cent-troisième demi-brigade pour remplacer à Marseille le bataillon des Gravilliers, *nous ignorions parfaitement qu'il y eût dans cette demi-brigade un seul Marseillois :* nous l'avions choisie, soit parce que nous savions qu'elle étoit composée de braves soldats bien disciplinés, bien aguerris & faits pour maintenir l'ordre, soit encore parce que, se trouvant composée d'environ 900 hommes, elle présentoit un nombre équivalent à celui du bataillon dont nous ordonnions le remplacement.

Nous avons pris des renseignemens d'après ta lettre, & bien loin que les Marseillais soient en majorité dans cette demi-brigade, il en résulte qu'il y en a tout au plus 100 sur 900 individus composant la totalité.

Néanmoins, *nous approuvons l'ordre* que tu lui as donné de s'arrêter en marche; & nous déterminant par la raison de ne pas mettre en garnison à Marseille *aucun originaire de cette commune* qui *pût épouser un parti*, nous venons de lui donner l'ordre nous-mêmes de rétrograder au Baussset, quoiqu'elle ait infiniment souffert par le froid, au point qu'il en est mort cinq à six hommes en route.

Au reste, l'opposition de la municipalité de Marseille au départ du bataillon des Gravilliers, nous prouve encore mieux la nécessité de renouveler cette garnison toute entière, & tu le penses certainement de même : c'est d'ailleurs là le vœu de l'*arrêté du comité de salut public qui ordonne, tous les trois mois, le remplacement des garnisons* : nous allons nous en occuper. Nous remplacerons cette garnison à force égale; nous aurons soin de n'y destiner que *des troupes absolument étrangères à Marseille, & qui n'y étant point acclimatées, puissent être indifférentes à toute dissention.*

La municipalité de Marseille ne doit se mêler en aucune manière du mouvement de la garnison. Où en seroit l'armée, si nos ordres pour la marche des troupes n'étoient pas exécutés?

Salut & fraternité,

Signé, F. J. RITTER, SALICETTI.

Il n'est peut-être pas inutile d'observer que cette cent-troisième demi-brigade qu'on appeloit par erreur *le bataillon de Marseille*, faisoit partie de la garnison de Toulon le 20 ventôse dernier, & que les représentans *Mariette*, *Ritter* & *Chambon* ont demandé, par leur lettre du 27 dudit mois, à la Convention nationale qu'elle déclarât que la garnison avoit bien mérité de la patrie; ce qui fut décrété le 8 germinal.

La seconde fois j'ai été accusé directement dans la séance du 18 de ce mois, dans les termes ci-après, que je copie mot à mot du *Républicain Français*, n°. 925.

La discussion eut lieu à la suite de la demande faite par Letourneur (de la Manche), d'un décret d'accusation contre Escudier.

« *Mariette :* Je le demande aussi contre Salicetti; c'est » *peut-être* le plus coupable de tous. Le 20 ventôse dernier, » nous eûmes à comprimer un mouvement semblable » à celui qui vient d'éclater, & qui coïncidoit avec celui » que vous reprimâtes ici le 12 germinal. A cette » époque (1) il fit entrer dans Toulon 6000 Corses, » contre lesquels nous fûmes obligés de prendre un arrêté » le 12 ventôse. Ils n'obéirent pas, & le mouvement eut » lieu le 20. Salicetti avoit corrompu l'esprit de toute » la garnison; il fallut la renouveler depuis le com- » mandant jusqu'au dernier soldat (2). Il infesta Toulon

(1) Je n'étois plus à Toulon; j'en étois parti vers la fin de pluviôse, & je suis arrivé à Paris le 15 ventôse.

(2) Si ce renouvellement général a eu lieu, ce n'a été qu'après le 20 ventôse, & sur-tout après la demande formelle faite par Mariette, de décréter que la garnison avoit bien mérité de la République,

» des principes destructeurs qu'il avoit puisés à la Mon-
» tagne (3). Je demande le décret d'accusation.

» *Letourneur*: Personne ne me soupçonnera de vou-
» loir sauver un coupable lorsque je crois devoir rendre
» justice à Salicetti à certains égards. Tant que je fus
» avec lui à *Toulon*, *je ne l'ai jamais entendu prêcher*
» *que le respect & l'exécution des lois.* Je demande le
» renvoi de l'examen de sa conduite au comité de lé-
» gislation.

» *Mariette*: J'y consens ; & je prouverai qu'il a
» détruit notre marine, & qu'il vouloit nous ruiner
» tout-à-fait.

» La Convention prononce le renvoi au comité. »

Dans tous les points mon collègue *Mariette* se trouve en contradiction *avec lui-même & avec l'évidence.*

Avec lui-même; car il a rendu justice aux troupes qu'il m'accuse d'avoir influencées, & qui étant destinées à l'expédition dont j'étois chargé, dépendoient entièrement de moi, en déclarant, ainsi que je l'ai déja dit, que sans les généraux & les troupes destinées à cette expédition, les représentans auroient couru les plus grands

(3) Presque toujours en mission, j'ai peu siégé à la Convention; loin des intrigues & des factions, je m'honore d'y avoir professé les principes que j'avois puisés à l'Assemblée constituante, & que je partageois avec beaucoup de mes collègues qui siègent aujourd'hui à la Convention, & dont j'invoque l'honorable témoignage & l'exacte justice.

Qu'elle est absurde, l'idée de vouloir me rendre responsable des événemens arrivés à *Toulon*, parce que j'y ai passé quelques jours, il y a quatre mois, sans autorisation & sans mission dans le département !

Que mes détracteurs apprennent que si j'avois eu *le malheur* de conspirer, j'aurois su mourir.

dangers. Ces troupes étoient donc dans un bon esprit; & si elles étoient ainsi disposées, pourquoi me faire l'injure gratuite d'avoir voulu les corrompre, plutôt que de m'attribuer le mérite réel de les avoir maintenues dans les bons principes?

Avec l'évidence, car il est constant, 1°. que je n'ai pas été chargé de la marine, & que mon collègue *Jean-Bon St.-André* est le seul qui se soit occupé de cette partie (4);

2°. Que je n'ai jamais eu des pouvoirs directs, surtout dans les temps cités par *Mariette*, dans le département du Var;

3°. Qu'il n'y a jamais eu ni pu avoir *six mille Corses* dans *Toulon*, puisque les réfugiés corses qui se trouvent dans le continent n'excèdent pas le nombre de deux mille, y compris les femmes, les enfans & les vieillards.

Les Corses que j'avois fait venir à Toulon, non à l'époque du 12 ni du 20 ventôse dernier, ainsi que paroît l'indiquer mon collègue Mariette, car je n'étois point à Toulon à ces deux époques, en étant parti vers la fin de pluviôse, & étant arrivé à Paris le 15 ventôse; les Corses, dis-je, que j'avois fait venir à Toulon, lors des préparatifs de l'expédition dont j'étois chargé, se réduisent en tout à quatre ou cinq cents faisant partie des bataillons de troupes, & cela conformément *aux ordres du comité de salut public*, dont on trouvera les instructions dans mes papiers qui sont sous les scellés.

(4) Suis-je accusé d'avoir perdu la marine française, pour avoir, de concert avec mes collègues, lors de la reddition de *Toulon*, empêché l'incendie de quatorze vaisseaux de ligne? ou bien l'ai-je perdue en faisant appareiller six vaisseaux de guerre, en floréal de l'an II? Quels sont les officiers de marine que j'ai destitués? quels sont ceux que j'ai placés?

Et encore, quels sont les Corses dont mon collègue *Mariette* paroît se défier ? Sont-ce les hommes qui ont tout sacrifié pour la liberté ? En abandonnant leurs biens & leurs familles, préférant l'honorable misère où ils sont plongés à l'or de l'Angleterre, ils n'ont fait que leur devoir. Mais si les circonstances où la République se trouve ne lui permettent pas de soulager leurs maux & de les réintégrer pour le présent dans leurs foyers ; ils ont du moins le droit de réclamer de leurs frères du continent la confiance & l'estime qui leur sont dues.

Non ! les Corses qui sont venus en France, pour se soustraire à la domination anglaise, ne sont ni des vagabons, ni des terroristes, ni des buveurs de sang, ni attachés à un parti : ils sont tous des propriétaires, des hommes purs, des amis chauds de la liberté basée sur des lois ; car en Corse la révolution s'est opérée sans lanternes, sans échafauds, sans massacre des prisons ; & quelle que soit l'opinion de mon collègue à l'égard de mes compatriotes, il sera toujours vrai de dire que dans le département de Corse on n'a jamais eu à gémir sur des horreurs semblables à celles qui se sont passées dans le continent, & qui souilleront à jamais l'histoire de la révolution.

Quels sont les torts & même les fautes qu'on peut leur reprocher depuis qu'ils sont en France ? Qu'on interroge l'armée d'Italie ; qu'on se reporte à l'époque glorieuse de la prise de Toulon ; qu'on consulte les autorités constituées des départemens du Var, des Bouches-du-Rhône, des Alpes-Maritimes, & l'on verra que les Corses réfugiés, ou militaires ont dans toutes les occasions rempli les devoirs des bons citoyens inviolablement attachés aux principes & à l'ordre.

Voudroit-on, en les abreuvant d'amertume, & en affectant de les couvrir de mépris, les pousser au désespoir pour les forcer à se jeter dans les bras des Anglais? Non, on n'y parviendra pas ; ils sauront endurer la fatigue, la misère, & boire même jusqu'à la lie, s'il le faut, le calice de l'humiliation ; mais rien ne pourra ébranler l'attachement éternel qu'ils ont juré à la République.

O mes compatriotes ! rassurez-vous ; l'opinion d'un membre abusé sur vos principes n'est point partagée par la Convention nationale. Elle vous rend justice ; elle saura, n'en doutez pas, vous tenir compte un jour des nombreux sacrifices que vous avez faits ; elle versera sur vos plaies le baume salutaire des bienfaits de la République ; & quand même le tourbillon de la révolution nous entraîneroit dans des circonstances que je ne veux ni ne saurois prévoir, il vous restera toujours la consolation de pouvoir dire : *Nous avons été fidèles à nos sermens.*

Je suis proscrit dans mon pays à cause de mon attachement pour la République française ; mes propriétés ont été ravagées par les Corses rebelles ; mon beau-frère est prisonnier à Gibraltar, ma famille, celles de mon frère & de mes sœurs, languissent hors de leurs foyers dans une honorable indigence.

Si pendant ma très-courte mission en Corse ; si à mon retour de l'Assemblée constituante et pendant la durée des fonctions de procureur-général syndic que j'ai exercées jusqu'au moment de mon élection à la Convention nationale ; si enfin, pendant vingt-trois mois de différentes missions pour lesquelles j'ai été investi de pouvoirs illimités, je me suis permis le moindre acte arbitraire, ou la moindre vexation, malgré la difficulté des circonstances, j'appelle sur ma tête toute la sévérité des lois républicaines.

Je n'ai dans aucun moment oublié la dignité du caractère dont j'étois revêtu, & je ne l'ai jamais dégradé par des sévérités inutiles ou par une honteuse pusillanimité. Quelle que soit l'opinion qu'on m'ait supposée sur les hommes & sur les choses, toujours le respect des lois, celui de la représentation nationale & la gloire de la République ont été mes principes & la règle de mes actions.

Tandis que la France étoit couverte de deuil, que la terreur étouffoit par-tout les sentimens de la nature, j'essuyois les larmes que je n'avois pu empêcher de couler, & j'employois le pouvoir de la persuasion pour ramener les personnes égarées ou aigries.

Je savois que les gouvernemens ne sont solides que quand ils commandent l'amour du peuple, & que jamais cette République, l'objet de tous mes vœux, ne pourroit se fonder par la crainte & par l'oppression.

Celui qui a mis tant de zèle à servir son pays, qui plein de cette humanité inséparable d'une ame sensible, a su se garantir des prestiges révolutionnaires, des excès odieux du fanatisme & de l'intolérance politique; celui qui n'a pas craint d'encourir par sa conduite, la haine & la vengeance des tyrans que vous avez renversés le 9 thermidor: celui enfin qui a bravé tous les dangers qui environnent l'autorité placée au milieu des factions, sans la laisser devenir le jouet ni l'instrument d'aucune d'elles, celui-là ne devoit pas s'attendre à être proscrit sur une dénonciation vague, & sans articulation d'aucun fait positif & appuyé de preuves, dans l'instant même où la Convention reprenant sa dignité, poursuit avec justice tous les attentats commis en son nom, & qu'elle est jalouse d'apporter dans les jugemens de ses membres autant de réserve & de sagesse, que Robespierre y apportoit d'ardace & de passion.

Oui, c'est aujourd'hui sur-tout, que je suis glorieux

de ma conduite, que je m'enorgueillis d'avoir su résister aux attraits du pouvoir, en faisant de celui qui m'a été confié pendant 23 mois un emploi sage, conforme aux intérêts de la liberté & à la dignité de la République.

Me reproche-t-on la moindre dilapidation, un seul acte de vengeance, d'oppression, une seule cruauté? non. On me verra dans un pays inflammable, disposé à l'exaspération plus qu'aucune autre contrée de la France, y maintenir l'ordre & la paix, y éluder sans cesse l'exécution des ordres destructeurs de la tyrannie : on me verra repousser avec horreur le systême affreux qui, pour établir le règne de la liberté, promenoit par-tout la licence armée des serpens de la discorde & des poignards des furies. On me verra ménager toujours les deniers de la République, & justifier avec la plus scrupuleuse exactitude de l'emploi de ceux dont les circonstances me forçoient de disposer pour le service public.

La Convention nationale *ne peut & ne doit me juger que sur des faits positifs appuyés de preuves*, & il n'y en a pas.

J'ai répondu à l'accusation vague de mon collègue *Mariette*, & *par son propre témoignage* rendu à la Convention nationale, sur l'armée qu'il prétendoit que j'avois exaltée, & par *le témoignage de mon collègue Espert*, & par celui même *de la Convention nationale*, qui a décrété le 8 germinal que la demi-brigade (5) que j'avois, avec mon collègue *Ritter*, destinée à remplacer le bataillon des Gravilliers, avoit bien mérité de la patrie.

J'appelle l'examen le plus sévère sur ma conduite, *sans*

---

(5) Mon collègue Mariette, sans doute trompé, avoit, dans sa lettre à Rovère & à Durand-Maillane, désigné cette demi-brigade sous le nom de *bataillon de Marseille*.

même invoquer le temps, ni les circonſtances où je me ſuis trouvé. S'il s'élève enſuite quelque voix, je demande qu'on l'oblige d'appuyer ſes aſſertions par des preuves ; car, je le répète, quelles que ſoient les opinions qu'on m'attribue, *je ne puis ni ne dois être jugé que ſur mes actions.*

Si au contraire on ne peut m'imputer aucun fait qui mérite la cenſure, il eſt du devoir, de l'honneur de la Convention & de ſa juſtice de ne pas laiſſer plus long-temps planer le ſoupçon ſur un de ſes membres, qui l'a le plus conſtamment reſpectée, en ne ſe permettant, ni dans ſon ſein, ni en dehors, ces odieuſes perſonnalités, ſource funeſte des malheurs qui l'ont déchirée.

Dans tous les cas, content d'avoir ſervi la liberté d'une manière digne d'elle, & fort de ma conſcience, qu'aucun remords ne tourmentera jamais, je me reposerai ſur le temps, ce juge infaillible des actions des hommes, du ſoin de juger les miennes, & de les environner de l'eſtime que leur doivent les amis de la liberté & de l'humanité.

DE L'IMPRIMERIE NATIONALE
Meſſidor, l'an III.

www.ingramcontent.com/pod-product-compliance
Lightning Source LLC
LaVergne TN
LVHW010258230826
846091LV00007B/3039
* 9 7 8 2 0 1 6 1 7 1 3 8 7 *